# Les trois mysteres

Jonathan Odia Mwaba

# REMERCIEMENTS

Avant tout, je voudrais exprimer ma sincère gratitude à mon
pere spirituel pasteur abraham yav kamwash
de son soutien continu et pour sa patience, sa motivation,
son enthousiasme et son immense
connaissances. Son orientation m'a aidé tout le temps de la
recherche et de la rédaction de cette livre.
J'exprime ma gratitude à l'ensemble charismatique de la foi
abondante qui
m'a aidé du début à la fin de la redaction avec les priere et
les encouragement, par exemple:Ev. jeremie bwasenene, Ev.
Esaie, Ev. dossi
Sans oublier ma gratitude à tous les collègues et  amis
comme Eunice nomikos, Allard ngwej , Rachel kasongo,
tresor twite, Alda kasongo, Paul nsenga, Delphine nsenga
et tous les membres de ma famille

# INTRODUCTION

La collection « l'échelle de Jacob, la verge de moise et les cheveux de Samson » s'adresse à tout le monde sans limite. Elle offre au lecteur des pistes de réflexion de la bible qui puissent les aider à être des vraies chrétiennes, responsables, capable de reconnaitre en qui est-ce qu'ils croient véritablement. Aujourd'hui les mondes à besoins des vrais chrétiens capable d'expliqué les mystères de la bible et aussi des gens qui sache conduit les foules, qui sont la lumière du monde; qui donnent les meilleur des eux-mêmes enfin de laissé la manifestation de la gloire de Dieu. Comment découvrir les mystères de la bible? Tel est but principale par la présent brochure. Le style simple présent un langage courant pour faciliter la compréhension et constitue la grande richesse. La question du mystère au sein de l'église mérite d'être examinée avec un attention particulier surtout actuellement.

# I. L'ECHELLE DE JACOB

Les Anges montent l'échelle de Jacob sculpture sur la façade. L'échelle de Jacob se relate au rêve du patriarche Jacob fuyant son frère Esaü, représentant une échelle montant vers le ciel est décrit dans le livre de *genèse 28 :11-19*; il est décrit dans le l'appellation « songe de Jacob »

« Jacob quitta béer-sheva et s'en alla vers Haran il arriva en ce lieu et y resta la nuit car le soleil s'était couché, Prenant une pièrre de l'endroit, il a mis sous sa tête et s'allongée pour dormit et il rêva qu'il y avait une échelle reposent sur la terre et dont l'autre extrémité atteignant sur le ciel et il a aperçu les anges de Dieu qui la montaient et la descendaient. Et il vit Dieu qui se trouvait en haut qui lui disait « je suis le Dieu d'Abraham et d'Isaac ton père; la terre sur la quelle tu te reposes je la donnerai à toi et à tes descendants: et tes descendantes seront comme la poussière de la terre et ils s'établiront vers l'ouest et vers l'est, Voici je suis avec toi je te garderai partout où tu iras, je te ramènerai, dans ce pays; car je ne t'abandonnerai point, que je n'aie exécuté ce que je te dis?

Jacob s'éveilla de son sommeil et il dit: certainement l'éternel est en ce lieu, et je ne le savais pas! Il eut peur, et dit: Que ce lieu est redoutable, c'est ici la maison de Dieu, C'est ici la porte des cieux! »

Apres quoi Jacob nomma le lieu Bethel littéralement: Maison de Dieu et le terme porte du ciel font aussi allusion au temple de Jérusalem.

Les commentaires juifs classiques offrent plusieurs interprétations de l'échelle de Jacob.

## 1.  Selon le midrash

Selon le Midrash l'échelle représente les différents exils que le peuple juifs sera obligé d'endurer avant la venue du Messie tout d'abord l'ange représentant les 70 ANNES D'EXIL à Babylone monte 70 échelon et tombe aussi tout comme l'ange représentant l'exil en Grèce seul le quatrième ange qui représente l'exil final continue à monter toujours plus haut dans les nuage, Jacob craignait que ses enfants ne soient jamais assuré qu'à la fin des jours Edom tomberait aussi.

## 2.  Une autre interpretation.

Une autre interprétation de l'échelle de Jacob se fonde sur le fait que les anges montent d'abord puis redescendaient comme les anges viennent du ciel. Le texte aurait dû les décrire d'abord descendant puis remontant âpres. Le Midrash explique que; en Jacob étant saint homme, il était toujours accompagné d'ange quand il atteint les frontières du pays de Canaan (la future terre d'Israël) les anges qui étaient responsables de la terre sainte sont remonter au ciel et les responsables des autres terre sont descendus pour rencontrer Jacob quand il retourna à Canaan *Gensse32:2-3*. Jacob poursuivit son chemin et les anges de Dieu le rencontrèrent, en les voyant Jacob dit; C'est le camp de Dieu! Jacob fut accueilli par les anges assignés à la terre sainte.

## 3.  Endroit ou Jacob passa la nuit

L'endroit où Jacob s'est arrêté pour la nuit était en réalité le Mon Moriah le futur emplacement du temple de Jérusalem. L'échelle signifie donc le pont entre le ciel et la terre comme les prières et les sacrifices offerte dans le saint temple signifient l'alliance entre Dieu et le peuple juifs. L'échelle en hébreu veut dire Sulam et le nom de la montagne ou fut donnée la torah (le Mont Sinaï) ont la même valeur numérique des lettres.

## 4.  *Interprétations chrétiennes.*

L'interprétation chrétienne de ce passage se fonde principalement sur le mot du christ dans l'évangile selon *jean 1:51* « Et il lui dit: en vérité, vous verrez désormais le ciel ouvert et les anges de Dieu monter et descendre au-dessus du fils de l'homme», toujours dans l'évangile selon jean 14 :6 « jésus lui dit: je suis le chemin, la vérité, et la vie; nul ne vient au père que par moi». Christ se témoigne lui-même comme étant l'échelle reliant le ciel et la terre, étant à la fois le fils de Dieu et le fils de l'homme. Un théologien méthodistes spécialiste de la bible suggère : « que l'on doit interpréter le fait que les anges de Dieu montent et descendent comme un échange perpétuel ouvert entre le ciel et la terre au travers du christ qui est Dieu en chair notre Saint Seigneur et représenté sa force de médiation entre Dieu et les hommes 6 et les anges montant et descendant au-dessus du fils de l' homme sont une métaphore prise de l'habitude d'envoyer des coursiers et des Messenger du prince a ses ambassadeurs vers lui-même. La pierre que Jacob utilisait comme oreiller est identifiée comme une pierre du destin. Un bloc de grès utilisé dans le rituels de couronnement au royaume uni »

## 5.  *Signification symbolique de l'échelle de Jacob*

L'échelle représente un cheminement de niveau et une montée par degrés, ainsi la prière s'élevé de la terre vers le ciel mais le but à atteindre est Dieu qui se tient au-dessus de l'échelle. Selon l'explication du Midrash cette échelle comporte quatre paliers également y reconnait une ascension en quatre étapes; les stades que la pensée doit franchir pour parvenir jusqu'à Dieu.

## 6.   *Les 4 paliers d'échelle que le Midrash explique.*

Le chiffre quatre; est le chiffre de la délivrance et de la puissance. Judas dont le nom signifie louange fut le quatrième fils, il est l'image du christ. Que le chiffre 4 soit le chiffre de la puissance voir 1 chronique 5 :1-2, Fils de Ruben, premier-né d'Israël. Car il était le premier-né; mais, parce qu'il souilla la couche de son père, son droit d'aînesse fut donné aux fils de Joseph, fils d'Israël; toutefois Joseph ne dut pas être enregistré dans les généalogies comme premier-né. Juda fut, à la vérité, puissant parmi ses frères, et de lui est issu un prince; mais le droit d'aînesse est à Joseph. Voir 4 personnes qui partirent à Moab pour délivrer Ruth: Elimelec, Nahomie, Machlon, Kijlon. Voir 4 lépreux *2 rois 7 :3-10*; Il y avait à l'entrée de la porte quatre lépreux, qui se dirent l'un à l'autre: Quoi! Resterons-nous ici jusqu'à ce que nous mourions? Si nous songeons à entrer dans la ville, la famine est dans la ville, et nous y mourrons; et si nous restons ici, nous mourrons également. Allons-nous jeter dans le camp des Syriens; s'ils nous laissent vivre, nous vivrons et s'ils nous font mourir, nous mourrons. Ils partirent donc au crépuscule, pour se rendre au camp des Syriens; et lorsqu'ils furent arrivés à l'entrée du camp des Syriens, voici, il n'y avait personne. Le Seigneur avait fait entendre dans le camp des Syriens un bruit de chars et un bruit de chevaux, le bruit d'une grande armée, et ils s'étaient dit l'un à l'autre: Voici, le roi d'Israël a pris à sa solde contre nous les rois des Héthiens et les rois des Égyptiens pour venir nous attaquer. Et ils se levèrent et prirent la fuite au crépuscule, abandonnant leurs tentes, leurs chevaux et leurs ânes, le camp tel qu'il était, et ils s'enfuirent pour sauver leur vie. Les lépreux, étant arrivés à l'entrée du camp, pénétrèrent dans une tente, mangèrent et burent, et en emportèrent de l'argent, de l'or, et des vêtements, qu'ils allèrent cacher. Ils revinrent, pénétrèrent dans une autre tente, et en emportèrent des objets qu'ils allèrent cacher. Puis ils se dirent l'un à l'autre: Nous n'agissons pas bien! Cette journée est une journée de bonne nouvelle; si nous gardons le silence et si nous attendons jusqu'à la lumière du matin, le châtiment nous atteindra. Venez maintenant, et allons informer la maison du roi. Ils partirent, Voir 4 personne qui transportèrent le paralytique *Matthieu 9:2-9*: Et voici, on lui amena un paralytique couché sur un lit. Jésus, voyant leur Foi, dit au paralytique: Prends courage, mon enfant, tes péchés te sont pardonnés. Sur quoi, quelques scribes dirent au dedans d'eux: Cet homme blasphème. Et Jésus, connaissant leurs pensées, dit: Pourquoi avez-vous de mauvaises pensées dans vos cœurs? Car, lequel est le plus aisé, de dire: Tes péchés sont pardonnés, ou de dire: Lève-toi, et marche? Or, afin que vous sachiez que le Fils de l'homme a sur la terre le pouvoir de pardonner les péchés: Lève-toi, dit-il au paralytique, prends ton lit, et va dans ta maison. Et il se leva, et s'en alla dans sa maison. Quand la foule vit cela, elle fut saisie de crainte, et elle glorifia Dieu, qui a donné aux hommes un tel pouvoir. Voir les quatre êtres vivant *Apocalypse 4 :7-8*; Le premier être vivant est semblable à un lion, le second être vivant est semblable à un veau, le troisième être vivant à la face d'un homme, et le quatrième être vivant est semblable à un aigle qui vole. Les quatre êtres vivants ont chacun six ailes, et ils sont remplis d'yeux tout autour et au dedans. Ils ne cessent de dire jour et nuit: Saint, saint, saint est le Seigneur Dieu, le Tout-Puissant, qui était, qui est, et qui vient! Tetramorphe, ou les quatre êtres vivant qui représente les quatre animales ailes tirant les chars vision d'Ezéchiel: La trentième année, le cinquième jour du quatrième mois, comme j'étais parmi les captifs du fleuve du Kebab, les cieux s'ouvrirent, et j'eus des visions divines. Le cinquième jour du mois, c'était la cinquième année de la captivité du roi Jojakin, la parole de l'Éternel fut adressée à Ézéchiel, fils de Bugi, le sacrificateur, dans le pays des Chaldéens, près du fleuve du Kebar; et c'est là que la main de l'Éternel fut sur lui. Je regardai, et voici, il vint du septentrion un vent impétueux, une grosse nuée, et une gerbe de feu, qui répandait de tous côtés une lumière éclatante, au centre de laquelle brillait comme de l'airain poli, sortant du milieu du feu. Au centre encore, apparaissaient quatre animaux, dont l'aspect avait une ressemblance humaine. Chacun d'eux avait quatre faces, et chacun avait quatre ailes. Leurs pieds étaient droits, et la plante de leurs pieds était comme celle du pied d'un veau, ils étincelaient comme de l'airain poli. Ils avaient des mains d'homme sous les ailes à leurs quatre côtés; et tous les quatre avaient leurs faces et leurs ailes. Leurs ailes étaient jointes l'une à l'autre; ils ne se tournaient point en marchant, mais chacun marchait droit devant soi. Quant à la figure de leurs faces, ils avaient tous une face d'homme, tous quatre une face de lion à droite, tous quatre une face de bœuf à gauche, et tous quatre une face d'aigle. Leurs faces et leurs ailes étaient séparées par le haut; deux de leurs ailes étaient jointes l'une à l'autre, et deux couvraient leurs corps. Chacun marchait droit devant soi; ils allaient où l'esprit les poussait à aller, et ils ne se tournaient point dans leur marche. L'aspect de ces animaux ressemblait à des charbons de feu ardents, c'était comme l'aspect des flambeaux, et ce feu circulait entre les animaux; il jetait une lumière éclatante, et il en sortait des éclairs, *Ezechiel 1:1-14*. Il est repris avec saint jean dans l'apocalypse. Et ces quatre emblème des êtres vivant est identiquement a l'emblème des quatre évangélistes: lion, veau, l'homme, aigle

- **le lion**: christ comme roi d'Israël successeur de David Juda est un jeune lion. Tu reviens du carnage, mon fils! Il ploie les genoux, il se couche comme un lion. Comme une lionne qui le fera lever. Le sceptre ne s'éloignera point de Juda, Ni le bâton souverain d'entre ses pieds, Jusqu'à ce que vienne le Schilo, Et que les peuples lui obéissent, *apocalypse 5:1* et *osée 3:4-5*: Car les enfants d'Israël resteront longtemps sans roi, sans chef, sans sacrifice, sans statue, sans éphod, et sans théraphim. Après cela, les enfants d'Israël reviendront; ils chercheront l'Éternel, leur Dieu, et David, leur roi; et ils tressailliront à la vue de l'Éternel et de sa bonté, dans la suite des temps. La bible dit qu'Israël attend David; ici, il s'agit du Christ qui est le véritable David.

- **Le veau**: Christ comme serviteur *1 corinthien 9:9-14* Car il est écrit dans la loi de Moïse: Tu n'emmuselleras point le bœuf quand il foule le grain. Dieu se met-il en peine des bœufs, ou parle-t-il uniquement à cause de nous? Oui, c'est à cause de nous qu'il a été écrit que celui qui laboure doit labourer avec espérance, et celui qui foule le grain foule avec l'espérance d'y avoir part. Si nous avons semé parmi vous les biens spirituels, est-ce une grosse affaire si nous moissonnons vos biens temporels. Si d'autres jouissent de ce droit sur vous, n'est-ce pas plutôt à nous d'en jouir? Mais nous n'avons point usé de ce droit; au contraire, nous souffrons tous, afin de ne pas créer d'obstacle à l'Évangile du Christ. Ne savez-vous pa's que ceux qui remplissent les fonctions sacrées sont nourris par le temple, que ceux qui servent à l'autel ont part à l'autel? De même aussi, le Seigneur a ordonné à ceux qui annoncent l'Évangile de vivre de l'Évangile. Jésus Christ comme l'animal de sacrifice, comme victime expiatoire, *Proverbe 14:4*.

- **l'homme**: la face de l'homme illustre Christ comme fils de l'homme.

l'aigle l'oiseau venant du ciel: illustre Christ comme fils de Dieu et aussi comme prophète.

Les 4 êtres vivant illustre:

- Matthieu présente Christ comme roi d'Israël (lion);

- Marc représente Christ comme serviteur;

- Luc représente Christ comme Dieu qui appris la chair, comme le fils de l'homme;

- jean représente Christ comme fils de Dieu (aigle)

## 7. *Jésus christ le pont*

Jésus Christ vu ci-dessus comme l'échelle entre le ciel et la terre l'une des prières d'intercession les plus remarquables de la bible se trouve dans *Essaie 64:1-2* Comme s'allume un feu de bois sec, Comme s'évapore l'eau qui bouillonne; Tes ennemis connaîtraient ton nom, Et les nations trembleraient devant toi. Lorsque tu fis des prodiges que nous n'attendions pas, Tu descendis, et les montagnes s'ébranlèrent devant toi. D'où le prophète Esaïe crie à Dieu pour qu'il « déchire le cieux » pour que le monde le voie comme Esaïe l'a vu. Dans cette prière ou il demande à Dieu de déchirer les cieux et descendre, Esaïe s'inspire d'une expérience antérieure dans sa vie que trouve dans *Esaïe 1:1-6* il fut saisi dans une vision du ciel dans sa vie et ministère prophétique. Il en fait le récit suivant « L'année de la mort du roi Ozias, je vis le Seigneur assis sur un trône très élevé, et les pans de sa robe remplissaient le temple. Des séraphins se tenaient au-dessus de lui; ils avaient chacun six ailes; deux dont ils se couvraient la face, deux dont ils se couvraient les pieds, et deux dont ils se servaient pour voler. Ils criaient l'un à l'autre, et disaient: Saint, saint, saint est l'Éternel des armées! Toute la terre est pleine de sa gloire! Les portes furent ébranlées dans leurs fondements par la voix qui retentissait, et la maison se remplit de fumée. Alors je dis: Malheur à moi! Je suis perdu, car je suis un homme dont les lèvres sont impures, j'habite au milieu d'un peuple dont les lèvres sont impures, et mes yeux ont vu le Roi, l'Éternel des armées. Mais l'un des séraphins vola vers moi, tenant à la main une 13 pierre ardente, qu'il avait prise sur l'autel avec des pincettes. Il en toucha ma bouche, et dit: Ceci a touché tes lèvres; ton iniquité est enlevée, et ton péché est expié » le prophète Esaïe parle des manifestations visible de la gloire de Dieu. Il décrit sa prise de conscience de la sainteté extraordinaire de Dieu. Il était certain de mourir dans cet endroit, mais il trouva la grâce et son péché fut efface par le feu sacre. A cet endroit, sa vie et sa destinée furent changées a jamais… il ne fut plus jamais le même! la terre entière.

Si nous prêtons attention aux paroles des anges, nous remarquerons qu'ils ne disent pas « le ciel est rempli de sa gloire » C'est une vision prophétique d'un avenir à propos duquel l'écriture annonce: « Car la terre sera remplie de la connaissance de la gloire de l'Éternel, Comme le fond de la mer par les eaux qui le couvrent » *Habakuk 2 :14.*

Lorsqu'Esaïe demande à Dieu de déchirer les cieux et descendre, il priait pour l'accomplissement de la promesse prophétique qu'il avait reçue: « seigneur pour la terre soit remplie de ta gloire », il faut que tu déchire les cieux et que tu descendes » Esaïe se rendait compte que pour l'accomplissement du plan de Dieu pour le monde, il fallait que le ciel s'ouvre et que le seigneur vienne, un ciel ouvert.

Jésus déclare lui-même qu'il est plus qu'un prophète plus qu'un Rabbi, plus qu'un libérateur politique et qu'un roi. Il déclare être le pont entre le ciel et la terre, le lien entre Dieu et les hommes, la porte que Dieu a ouvert sur la terre pour nous donner un accès direct aux réalités célestes et Eden signifiant délice ou porte car on peut jamais trouver le jardin d'Eden aujourd'hui; s'était un lieu de l'atmosphère de Dieu dans sa présence sur la terre. Eden était un jardin céleste mais sur la terre, après avoir que l'homme péchant cette porte était fermée. Jésus christ se présente comme cette porte qui est étais fermée au commencement, il dit; je suis la porte de la bergerie ce qui était privé a l'homme après avoir péché, est disponible en Jésus christ; bien-aimés entrons par cette porte qui est Jésus enfin qu'on vit l'Eden et vivre les cieux sur la terre.

La prière d'Esaïe exaucée beaucoup de personnes continuent à adresser à Dieu la prière d'Esaïe et lui demandent de déchire les cieux et de descendre, le suppliant comme des mendiants pour obtenir un morceau de pain. Mais la bonne nouvelle c'est que la prière d'Esaïe a été exaucée il y'a plus de 2019 ans! Dieu a véritablement déchiré les cieux et il est descendit sur la terre par jésus Christ. Comme le dit dans l'évangile de saint *Marc 16:15* (Puis il leur dit: Allez par tout le monde, et prêchez la bonne nouvelle à toute la création.)

Existe-il une brèche aussi puissante que celle opérée a la croix? La terre s'est fondus, le voile dans le temple s'est déchiré de haut en bas et le précieux corps de jésus a été brisé pour celui, les anges montent et descendent pour nous? Par lui, toutes les ressource de Dieu sont déversées pour répondre aux besoins de toute l'humanité; par lui l'homme peut être réconcilie avec Dieu et la colère de Dieu a été apaisée,

Dieu a déchiré les cieux et il est descendu. Il a détruit cette ancienne barrière entre le ciel et la terre et aujourd'hui, toutes les richesses et les ressources de Dieu sont à la portée de celui qui les saisira par la Foi au moyen de sa parole et de la prière.

## II. LA VERGE DE MOISE

Moïse répondit, et dit: Voici, ils ne me croiront point, et ils n'écouteront point ma voix. Mais ils diront: L'Éternel ne t'est point apparu. L'Éternel lui dit: Qu'y a-t-il dans ta main? Il répondit: Une verge *Exode4 :1-2* L'Éternel dit: Jette-la par terre, il la jeta par terre et elle devint un serpent. Moïse fuyait devant lui. L'Éternel dit à Moïse: Étends ta main, et saisis-le par la queue. Il étendit la main et le saisit et le serpent redevint une verge dans sa main.

L'écriture nous dit que Moise conserva cette verge toute au long de sa vie en aucune preuve qu'après sa mort cette verge fut donnée a Josué comme au successeur du peuple; mais les musulmans disent qu'elle fut conservée dans l'arche d'alliance ils confondent avec la verge d'Aaron.

### 1.   La verge selon les rabbins

Les rabbin racontent bien des merveilles du verge de moise; ils disent qu'elle avait d'abord été créé de Dieu pour Adam fut (transmis aux premiers dans le jardin d'Adam ; Adam le transmit à Enoch ; Enoch le transmit à Noé ; Noé le transmit a Sem ; Sem le transmit à Abraham ; Abraham le transmit a Isaac ; Isaac le transmit a Jacob ; Jacob le fit descendre en Egypte et le transmit a joseph, son fils ; joseph laissant aux rois d'Egypte comme un gage de sa reconnaissance ; Jethro été en Egypte la déroba et l'emporta dans son jardin ou elle prit tellement racine que personne ne pouvait l'arracher. Jethro, qui en savait toute la vertu promit sa fille en mariage à celui pourrait l'arracher, Divers jeunes hommes se présentèrent et essayèrent de la tirer de la mais nul n'en put venir au bout jusqu'à Moise qui l'arracha sans peine. Mais lorsque la verge fut transmis à joseph après sa mort toute sa maison fut pillée et ses biens furent mis dans le palais du pharaon, Jethro était l'un des magiciens de l'Egypte; il vit le bâton et les signes qui étaient inscrit, il le désira ardemment et s'en empara; il l'emporta et le planta au milieu du jardin de sa maison aucun homme ne put l'approcher. Lorsque Moise arriva chez Jethro, il entra dans le jardin de sa maison et aperçut le bâton et il lut les lettres qui y'étaient inscrites, il étendit sa main et le prit Jethro le vit et s'exclama « Celui-ci est destinée a délivré l'Egypte dans le futur » la verge ou le caducée de Mercure que l'on nous représente toujours l'environné de deux serpent et les effets prodigieux qu'on lui attribue sont une imitation de ce que l'histoire nous raconte de la verge de moise convertie en serpent et des miracles que Dieu a opérai par son moyen.

## 1.1.  *Définition de la verge*

La verge est un grand bâton en bois que portait le prophète moise selon la sainte écriture, et qui lui permit de réaliser de nombreux prodige: il s'en servit pour ouvrir les flots, faire tomber, transformer l'eau du Nil en sang, transformer la poussière du sol en moustiques ou faire jaillir de l'eau d'un rocher, et le transforma en serpent puis le retransforma en bâton.

## 2.  *Le serpent*

Lorsque l'Eternel avait dit à moise de jeté sa verge à terre afin qu'elle se transforme devant lui en serpent , le verbe jeter « shalak » signifie aussi précipité sur la terre , Dieu indiquent comment il allait arracher a la malédiction du pécher de l'humanité en précipitant le serpent ancien ; Marie répondait aux enfants d'Israël: Chantez à l'Éternel, car il a fait éclater sa gloire; Il a précipité dans la mer le cheval et son cavalier, *Exode 15 :21*. Et il fut précipité, le grand dragon, le serpent ancien, appelé le diable et Satan, celui qui séduit toute la terre, il fut précipité sur la terre, et ses anges furent précipités avec lui. Et j'entendis dans le ciel une voix forte qui disait: Maintenant le salut est arrivé, et la puissance, et le règne de notre Dieu, et l'autorité de son Christ; car il a été précipité, l'accusateur de nos frères, celui qui les accusait devant notre Dieu jour et nuit, *Apocalypse 12:9-10*. Mais tu as été précipité dans le séjour des morts, Dans les profondeurs de la fosse.

Aussi lorsque Dieu ordonne a Moise de jeter sa verge elle devient un serpent (grand poison) Dieu voulez aussi signifie que grâce à la séduction du serpent que le pèche était entre dans le monde ; Et il va retourner sa force contre lui ; afin de l'écrase sa tête comme nous dit les saintes écritures L'Éternel Dieu dit au serpent: Puisque tu as fait cela, tu seras maudit entre tout le bétail et entre tous les animaux des champs, tu marcheras sur ton ventre, et tu mangeras de la poussière tous les jours de ta vie. Je mettrai inimitié entre toi et la femme, entre ta postérité et sa postérité: celle-ci t'écrasera la tête, et tu lui blesseras le talon. Automatiquement après la séduction des premiers être; Dieu lui-même à prophétiser sa précipitions et la venue du Christ pour le vaincre et l'enlever les poisons de la malédiction qui a mordue les premiers être à travers son sang qui coule sur le bois du calvaire.

## 2.1. Le serpent d'airain, une préfiguration de jésus Christ

Le roi d'Arad, Cananéen, qui habitait le midi, apprit qu'Israël venait par le chemin d'Atari. Il combattit Israël, et emmena des prisonniers. Alors Israël fit un vœu à l'Éternel, et dit: Si tu livres ce peuple entre mes mains, je dévouerai ses villes par interdit. L'Éternel entendit la voix d'Israël, et livra les Cananéens. On les dévoua par interdit, eux et leurs villes; et l'on nomma ce lieu Horma. Ils partirent de la montagne de Hor par le chemin de la mer Rouge, pour contourner le pays d'Édom. Le peuple s'impatienta en route, et parla contre Dieu et contre Moïse: Pourquoi nous avez-vous fait monter hors d'Égypte, pour que nous mourions dans le désert? Car il n'y a point de pain, et il n'y a point d'eau, et notre âme est dégoûtée de cette misérable nourriture. Alors l'Éternel envoya contre le peuple des serpents brûlants; ils mordirent le peuple, et il mourut beaucoup de gens en Israël. Le peuple vint à Moïse, et dit: Nous avons péché, car nous avons parlé contre l'Éternel et contre toi. Prie l'Éternel, afin qu'il éloigne de nous ces serpents. Moïse pria pour le peuple. L'Éternel dit à Moïse: Fais-toi un serpent brûlant, et place-le sur une perche; quiconque aura été mordu, et le regardera, conservera la vie. Moïse fit un serpent d'airain, et le plaça sur une perche; et quiconque avait été mordu par un serpent, et regardait le serpent d'airain, conservait la vie, *Nombres 21:1-9*.

## 2.2. *La victoire sur le roi d'Arad*

L'attaque des cananéens vient après la mort d'Aaron. Israël fit un vœu à l'éternel, prouvant ainsi qu'ils étaient résolus à combattre leur ennemi; et Dieu leur accorda la victoire.

Ce comme nous de même n'est-ce pas avons-nous ce même désir? La ferme résolution dans nos cœur de nous engager ou de prier ou encore de jeuner afin d'obtenir la satisfaction à nos problème auprès Dieu Mais dans toutes ces choses nous sommes plus que vainqueurs par celui qui nous a aimés. Car j'ai l'assurance que ni la mort ni la vie, ni les anges ni les dominations, ni les choses présentes ni les choses à venir, ni les puissances, ni la hauteur, ni la profondeur, ni aucune autre créature ne pourra nous séparer de l'amour de Dieu manifesté en Jésus-Christ notre Seigneur… *Romain 8 :37-39*. Mais nous ne pouvons pas leur donné nos filles pour femmes, car les enfants d'Israël ont juré, en disant: maudit soit celui qui donnera une femme a un benjamite, Ruth 1:18 voilà au moins d'un bon exemple de Ruth: Naomi la vit fermement résolue à la suivre et on comprend que la bénédiction il en résulta pour cette étrangère.

Les Israelites connaissent le lieu de leur victoire quarante ans auparavant, ils s'étaient obstinée à monter sur la montagne, sans consulter l'éternel premièrement; de même si nous sommes obstinée; Dieu ne nous donnera sans mesure de distinguer entre l'obstination de la chair de la résolution selon Dieu la première avait conduit le peuple a une destruction: la seconde a anéantit la puissance de l' ennemi.

Ce passage touche également à notre vie d'aujourd'hui car les cananéen est une image de l'ambition dans le monde (le mot Cannan signifie marchand) si nous laissons entrainer à retrouver la réussite de notre vie qui viendraient ruiner notre avancé spirituelle; on doit avoir une volonté fermement fondée.

## 2.3. Le serpent d'airain

Le serpent dans le désert est une préfiguration du bois de l'homme du christ sur le bois de la male diction; car il prit sur lui la malédiction à la croix.

Apres une victoire Israël fut tomber dans l'oubli de faire un de tour, faisant une marche arrière (par le chemin de la mer rouge) et Israël se décourage car son vœu en face de l'Eternel n'avait duré qu'un moment; et il a jugé bon de parler à nouveau pas pour demander une aide ou de faire encore un vœu mais par contre de parler contre Dieu et contre Moise.

Le peuple par oubli et par leur ingratitude alla jusqu'à qualifier la manne de pain misérable; car la parole du Seigneur qui symbolise la manne. Si on ose présenter de la même façon comme les Israelites et si notre intérêt pour Christ s'amenuise, si notre amour diminue nous ouvrons ce même danger que l'Israël. Quand nous invoquons la présentation du service de la parole de Dieu (la manne) il est possible que cela vienne en partie d'une présentation de la parole desséchante et sans joie, qui ne répond pas aux besoins profonds de nos âmes.

Mais son amour; Dieu ne peut jamais nous laisser dans cette même état; car il le réveilla en les envoyant des serpents brulantes, qui mordirent les peuples et les faisaient mourir. L'éternel les humiliait par ces animaux impurs devant lesquels ils étaient démunis. Pour la première fois il déclare humblement: Nous avons pèche par là le but de Dieu fut vite atteint; ils confessèrent les deux faits. Moise intercède pour eux, l'éternel ne retira pas les serpents comme l'avait demandé; mais il donna un serpent d'airain, sur une perche. Nous n'avons pas a dicté Dieu le moyen de notre délivrance.

L'image du serpent d'airain est reprise par le seigneur dans son entretien avec Nicodème, *jean 3:14-15*. Personne n'est monté au ciel, si ce n'est celui qui est descendu du ciel, le Fils de l'homme qui est dans le ciel. Et comme Moïse éleva le serpent dans le désert, il faut de même que le Fils de l'homme soit élevé, afin que quiconque croit lui en ait la vie éternelle. Se peut-il que lui le fils unique du Dieu très haut sans pèche, s'indentiez au serpent qui représente dans toute la bible le péché, le mal, le diable, *2 corinthien 5 :21*. Celui qui n'a point connu le péché, il l'a fait devenir péché pour nous, afin que nous devenions en lui justice de Dieu.

La présentation de l'évangile, dans sa simplicités réfère

souvent à ce types du serpent d'airain: un homme perdu, cause de ses péchés, de son état de révolte contre Dieu guérison, il est condamne. Ensuite, il nous suffit juste d'un seul regard de Foi vers la croix pour être au bénéfice de cette vie sans fin et de mériter la guérison du mordit du sergent. Mais il ne suffit pas d'accomplir des œuvres afin de mériter la guérison; la guérison est en dehors de soit; le serpent élevé dans le désert par la grâce qui donne tout, sans or, Romain 11:6. Si c'est par grâce, ce n'est plus par les œuvres; autrement la grâce n'est plus une grâce. Et si c'est par les œuvres, ce n'est plus une grâce; autrement l'œuvre n'est plus une œuvre, *Romain 6:14*. Car le péché n'aura point de pouvoir sur vous, puisque vous êtes, non sous la loi, mais sous la grâce, *1 corinthien 1:18* Car la prédication de la croix est une folie pour ceux qui périssent; mais pour nous qui sommes sauvés, elle est une puissance de Dieu. Tu n'a aucun espoir de guérison, il est condamne.

## III. LES CHEVEUX DE SAMSON

La sagesse consiste à connaitre la raison des choses, cette sagesse est cachée et mystérieux pour les sages de ce siècle mais révélée à l'Eglise par le Saint Esprit. Et Samson garda son secret dans ses cheveux, car sa force était dans ses cheveux.

Les enfants d'Israël firent encore ce qui déplaît à l'Éternel; et l'Éternel les livra entre les mains des Philistins, pendant quarante ans. Il y avait un homme de Tsoréa, de la famille des Danites, et qui s'appelait Manoach. Sa femme était stérile, et n'enfantait pas. Un ange de l'Éternel apparut à la femme, et lui dit: Voici, tu es stérile, et tu n'as point d'enfants; tu deviendras enceinte, et tu enfanteras un fils. Maintenant prends bien garde, ne bois ni vin ni liqueur forte, et ne mange rien d'impur. Car tu vas devenir enceinte et tu enfanteras un fils. Le rasoir ne passera point sur sa tête, parce que cet enfant sera consacré à Dieu dès le ventre de sa mère; et ce sera lui qui commencera à délivrer Israël de la main des Philistins juges 13:1-6 dans ce récit ci-dessus nous voyons lorsque l'Israël firent ce qui déplaît l'Eternel; Et les laissa pendant quarante ans entre mains de philistins par là nous savons très bien le chiffre 40 signifie une génération et un temps d'épreuve. Il a plu pendant 40 jours durant le déluge. Moise passa 40 Années dans le désert tout comme les enfants d'Israël; jésus jeuna pendant 40 jours. *Nombres 14 :34*; De même que vous avez mis quarante jours à explorer le pays, vous porterez la peine de vos iniquités quarante années, une année pour chaque jour; et vous saurez ce que c'est que d'être privé de ma présence.

*Ezéchiel 4 :6*; Quand tu auras achevé ces jours, couche-toi sur le côté droit, et tu porteras l'iniquité de la maison de Juda pendant quarante jours; je t'impose un jour pour chaque année.

L'interdiction sur la mère de Samson en ce qui concerne l'aliment et la boisson sont presque identique à celle des sacrificateurs *nombres 6:5* Pendant tout le temps de son naziréat, le rasoir ne passera point sur sa tête; jusqu'à l'accomplissement des jours pour lesquels il s'est consacré à l'Éternel, il sera saint, il laissera croître librement ses cheveux. Pendant tout le temps qu'il a voué à l'Éternel, il ne s'approchera point d'une personne morte; il ne se souillera point à la mort de son père, de sa mère, de son frère ou de sa sœur, car il porte sur sa tête la consécration de son Dieu. Pendant tout le temps de son naziréat, il sera consacré à l'Éternel. Samson, Samuel, Amasia, Jean baptiste et les recabites furent des nazaréens. Mais il faudrait le vrai nazaréen par l'incarnation du fils de Dieu dans l'homme parfait complet nazaréen du cœur. Si les Israelites l'étaient pour un temps limité, jésus le fut pendant toute sa vie sans défaillance. Aujourd'hui encore dans le ciel le seigneur se sanctifie pour nous.

## 1.   Les 3 préinscriptions des Nazaréens

a)   S'abstenir de tout produit de la vigne: la vigne et ses produits symbolisent ici les joies du monde sous toutes leurs formes, mais aussi tout ce qui excite la chair. Car le mot consacrer signifie: sanctifier; préparer; Dédier, être saint, être séparer. sous un autre angle, l'abus de vin a quelque ressemblance avec le résultat de l'action et de la puissance de l'esprit, comme à la pentecôte ou les disciples étaient remplis de l'esprit furent accuses d'avoir bu;

b)   Garder les cheveux longs: les cheveux « étaient considère particulièrement comme le siège des influences spirituelle, bonne ou mauvaise. Le signe extérieur du nazaréen était la longue chevelure garder;

c)   Ne pas toucher des morts: la mort est la conséquence et la preuve du péché. Pour celui qui se consacré à Dieu veillera particulièrement à fuir toute occasion qui pourrait le mettre en position de pécher.

## 2.   Le rasoir

Le rasoir ne passera pas sur la tête *juge 13 :5*. le rasoir est un instrument tranchant dont on se sert pour se raser. Samson garda ses cheveux, car la force était dans ces cheveux. La force est l'image de l'homme comme l'apôtre pierre le remarquer: Maris, montrez à votre tour de la sagesse dans vos rapports avec vos femmes, comme avec un sexe plus faible; honorez-les, comme devant aussi hériter avec vous de la grâce de la vie. Qu'il en soit ainsi, afin que rien ne vienne faire obstacle à vos prières.

La force c'est les cheveux qui se retrouve sur la tête de Samson, car l'Eternel est la force d'Israël, chose curieuse ses cheveux était tresses, c'est-à-dire pris en trois, et entrelacer entre eux. Les tresses témoignent de la fermeture, de la mise en secret. La force fut cachée dans les sept tresses de Samson.

## 3. *Signification des 7 Tresses*

Que signifient alors les 7 tresses de Samson dans ceux-ci? Samson avait 7 tresses ou résidait toutes sa force dont la force est symbolisée par les cornes *deutéronome 33 :17*; De son taureau premier-né il a la majesté; Ses cornes sont les cornes du buffle; Avec elles, il frappera tous les peuples Jusqu'aux extrémités de la terre: Elles sont les myriades d'Éphraïm.

Elles sont les milliers de Manassé. Les 7 tresses peuvent être mises en parallèle avec les 7 cornes de l'agneau *Apocalypse 5 :6*; Et je vis, au milieu du trône et des quatre êtres vivants et au milieu des vieillards, un agneau qui était là comme immolé. Il avait sept cornes et sept yeux, qui sont les sept esprits de Dieu envoyés par toute la terre. Le chiffre 7 qui parle de la perfection de la plénitude et est le signe de Dieu, adoration divine, l'achèvement, et l'obéissance. L'agneau qui a 7 cornes c'est Christ dans la plénitude de toute sa puissance l'onction du Saint Esprit. *juges16 :17-19*; il lui ouvrit tout son cœur, et lui dit: Le rasoir n'à point passé sur ma tête, parce que je suis consacré à Dieu dès le ventre de ma mère. Si j'étais rasé, ma force m'abandonnerait, je deviendrais faible, et je serais comme tout autre homme. Délila, voyant qu'il lui avait ouvert tout son cœur, envoya appeler les princes des Philistins, et leur fit dire: Montez cette fois, car il m'a ouvert tout son cœur. Et les princes des Philistins montèrent vers elle, et apportèrent l'argent dans leurs mains. Elle l'endormit sur ses genoux. Et ayant appelé un homme, elle rasa les sept tresses de la tête de Samson, et commença ainsi à le dompter. Il perdit sa force. L'ouverture du cœur se fait le même jour avec le rasage des 7 tresses. Les cheveux qui ont triomphé des chefs de philistins n'étaient plus tressés *juges 16 :22-30* Cependant les cheveux de sa tête recommençaient à croître, depuis qu'il avait été rasé. Or les princes des Philistins s'assemblèrent pour offrir un grand sacrifice à Dagon, leur dieu, et pour se réjouir. Ils disaient: Notre dieu a livré entre nos mains Samson, notre ennemi. Et quand le peuple le vit, ils célébrèrent leur dieu, en disant: Notre dieu a livré entre nos mains notre ennemi, celui qui ravageait notre pays, et qui multipliait nos morts. Dans la joie de leur cœur, ils dirent: Qu'on appelle Samson, et qu'il nous divertisse! Ils firent sortir Samson de la prison, et il joua devant eux. Ils le placèrent entre les colonnes. Et Samson dit au jeune homme qui le tenait par la main: Laisse-moi, afin que je puisse toucher les colonnes sur lesquelles repose la maison et m'appuyer contre elles. La maison était remplie des hommes et des femmes; tous les princes des Philistins étaient là, et il y avait sur le toit environ trois mille personnes, hommes et femmes, qui regardaient Samson jouer. Alors Samson invoqua l'Éternel, et dit: Seigneur Éternel! Souviens-toi de moi, je te prie; ô Dieu! Donne-moi de la force seulement cette fois, et que d'un seul coup je tire vengeance des Philistins pour mes deux yeux! Et Samson embrassa les deux colonnes du milieu sur lesquelles reposait la maison, et il s'appuya contre elles; l'une était à sa droite, et l'autre à sa gauche. Samson dit: Que je meure avec les Philistins! Il se pencha fortement, et la maison tomba sur les princes et sur tout le peuple qui y était. Ceux qu'il fit périr à sa mort furent plus nombreux que ceux qu'il avait tués pendant sa vie. Tout ceci est symbolique et prophétique, car Samson ne peut pas parler de lui-même, de la personne du christ. En effet, celui-ci par sa mort va triompher des dominations, des autorités, des principautés en le clouant a la croix Colossiens 2:15 la mort de jésus fut aperçue comme une faiblesse, ainsi ceux qui passaient se moquaient de lui: ils disaient: Si tu es le roi des Juifs, sauve-toi toi-même! *Luc 23:37* la prédication de la croix est alors la démonstration de la puissance des cheveux de non tressés du véritable Samson qui est jésus christ.

Salomon en parle d'une autre manière *Cantique 7:6*; Ta tête est élevée comme le Carmel, et les cheveux de ta tête sont comme la pourpre; Un roi est enchaîné par des boucles!... les boucles, cheveux tresses; en ferment le roi; ils cachent l'homme qui règne. Le roi sortait devant le peuple pour le délivrer des mains de l'ennemi, et il rentrait avec le peuple après une victoire: c'est au roi de vaincre pour le peuple l'ennemi.

Les 7 tresses de Samson se cachaient l'homme qui délivrait Israël des mains des philistine.

www.ingramcontent.com/pod-product-compliance
Lightning Source LLC
Chambersburg PA
CBHW070819170726
48000CB00018B/1399